まちごとチャイナ

瀋陽故宮と旧市街
Liaoning 007 Laoshenyang

「清朝」発祥の地

Asia City Guide Production

【白地図】瀋陽

CHINA
遼寧省

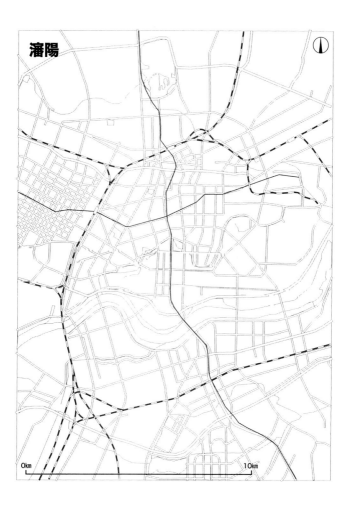

【白地図】瀋陽中心部

CHINA
遼寧省

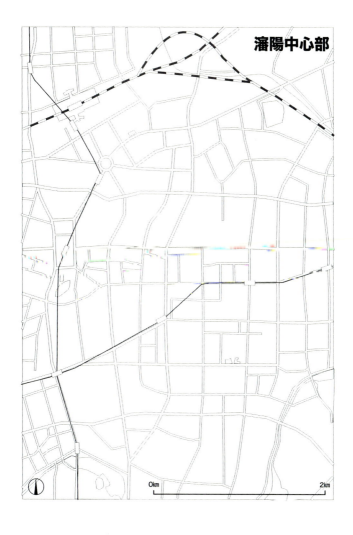

【白地図】瀋陽故宮

CHINA
遼寧省

瀋陽故宮

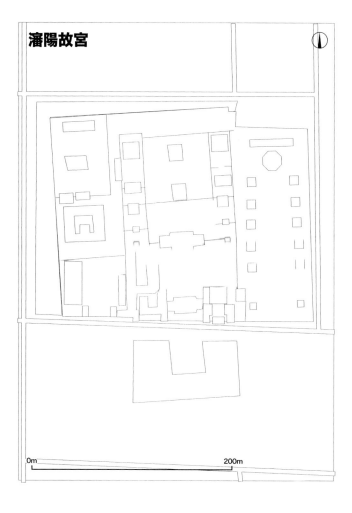

Laoshenyang 白地図

0m 200m

【白地図】瀋陽旧内城

CHINA
遼寧省

瀋陽旧内城

Laoshenyang

白地図

【白地図】張氏帥府博物館

CHINA
遼寧省

張氏帥府博物館

Laoshenyang | 白地図

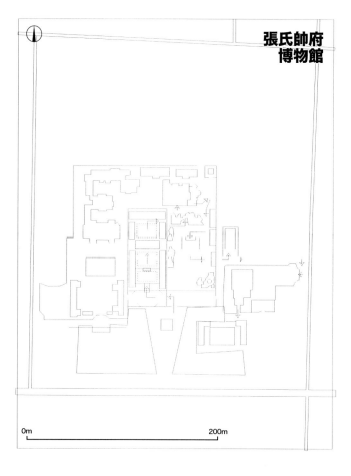

0m   200m

【白地図】旧市街南部

CHINA
遼寧省

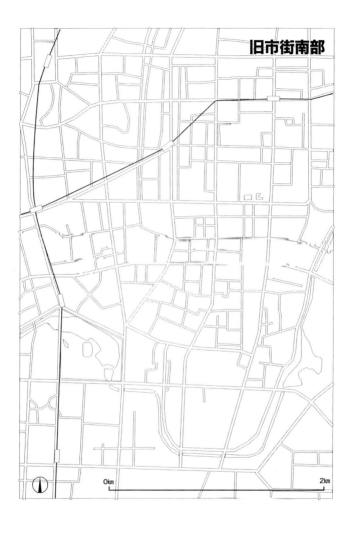

【白地図】旧市街西部

CHINA
遼寧省

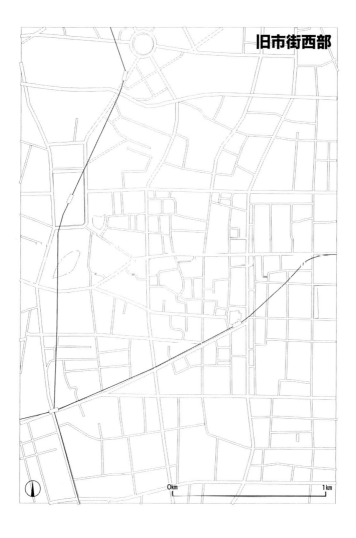
旧市街西部

Laoshenyang 白地図

【まちごとチャイナ】

遼寧省 001 はじめての遼寧省

遼寧省 002 はじめての大連

遼寧省 003 大連市街

遼寧省 004 旅順

遼寧省 005 金州新区

遼寧省 006 はじめての瀋陽

遼寧省 007 瀋陽故宮と旧市街

遼寧省 008 瀋陽駅と市街地

遼寧省 009 北陵と瀋陽郊外

遼寧省 010 撫順

CHINA
遼寧省

清 朝太祖ヌルハチ時代の 1625 年から、1644 年に第 3 代順治帝が北京へ遷都するまで都がおかれていた瀋陽。清代、祖先発祥の地として盛京、奉天府といった名前で呼ばれ、北京に準ずる陪都となっていた。

この瀋陽旧市街の中心に残るのが瀋陽故宮で、北京の故宮にくらべてこぢんまりとしているが、清朝を樹立した満州族、モンゴル族、漢族の要素が融合した建築となっている。

こうした清朝以来の伝統をもつ瀋陽旧市街は、近代（1920 年代）、奉天軍閥の張作霖、張学良が拠点を構えるなど、一貫

瀋陽故宮と旧市街
沈州故宫 shen yang gu gong シェンヤングゥゴォン
Shen Yang Gu Gong

して東北三省随一の都の地位を保ってきた。世界遺産にも指定されている瀋陽故宮を中心に、街には歴史的遺構が数多く残っている。

【まちごとチャイナ】

遼寧省 007 瀋陽故宮と旧市街

CHINA
遼寧省

目次

瀋陽故宮と旧市街 …………………………………… xvi

もうひとつの故宮へ …………………………………… xxii

瀋陽故宮鑑賞案内 …………………………………… xxx

故宮中路鑑賞案内 …………………………………… xxxvii

故宮東路鑑賞案内 …………………………………… xlvii

故宮西路鑑賞案内 …………………………………… liv

旧内城城市案内 …………………………………… lxi

張氏帥府鑑賞案内 …………………………………… lxxi

旧市街南城市案内 …………………………………… lxxxii

旧市街西城市案内 …………………………………… xc

せめぎあう漢族と満州族 …………………………………… xcvi

【MEMO】

Laoshenyang

瀋陽故宮と旧市街

【地図】瀋陽

【地図】瀋陽の [★★★]
- [ ] 瀋陽故宮 沈阳故宫シェンヤングゥゴォン

【地図】瀋陽の [★★☆]
- [ ] 中街 中街チョンジエ

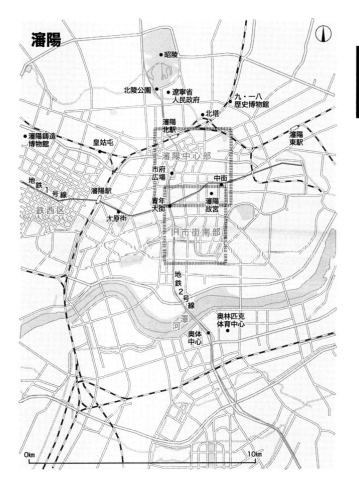

瀋陽故宮と旧市街

もうひとつの故宮へ

CHINA 遼寧省

清朝歴代皇帝が東巡した陪都瀋陽
漢族と満州族、モンゴル族の伝統が交錯し
旧市街は清朝以来の街区を残している

瀋陽という土地

瀋陽が東北随一の都として発展するようになったのは、1625年に清の太祖ヌルハチがこの地に宮廷を構えたことによる。それまで東北地方の中心は瀋陽から南の遼陽にあったが、瀋陽が南満州平野の中心に位置し、北京に首都をおく明、モンゴル、朝鮮との交通、経済、軍事上の観点から遷都された。18世紀以前にはこのあたり一帯に豊かな森が広がっていたと言われ、季節風の影響を受けて高温多雨の夏、乾燥して冷える冬といった季節がめぐる。

▲左 世界遺産の瀋陽故宮には多くの人が訪れる。　▲右　満州文字と漢字が併記された扁額

瀋陽の名前

瀋陽という名前は、古く瀋水と呼ばれていた渾河の北側に街が開けたことによる（中国では日向になる北岸を陽、南岸を陰とする風水思想があった）。清朝第2代皇帝ホンタイジは、この街を「盛京（盛んなる都）」と名づけ、その満州語であるムクデンという都名も広く知られていた。1657年、第4代康熙帝によってこの地に奉天府がおかれて以来、奉天という名前が定着し、日本統治時代も引き続き、奉天の名前で呼ばれた。現在、瀋陽は簡体字で「沈阳」と表記され、「陰陽」の簡体字は「阴阳」とつくりの部分に「月」と「日」がもち

いられている。

内城と外城

清代の瀋陽は、故宮を中心に満州族の旗人が住んだ内城、漢族が暮らした外城からなっていた。こうした構成は北京でも見られたが、瀋陽の特徴は内城が1辺1.5kmの方形のかたちをしているのに対して、それをとり囲む外城は直径5kmの楕円形をしていたということ(商人や職人などがこの街を訪れて内城外に暮らしたことから、第4代康熙帝時代の1680年に外城が築かれた)。またその外城を囲むように東西南北に

▲左 北京に遷都する前の清朝の宮殿。　▲右 八旗と呼ばれる軍団、旗のもとにわけられた人々は旗人と呼ばれた

塔をもつ護国寺が配され、周囲から街を守る構造をもっていた。これらの城壁は都市の拡大にあわせて、20世紀初頭からなかごろにかけてとり壊されたものの、当時の街区は今も残っている。

【MEMO】

CHINA
遼寧省

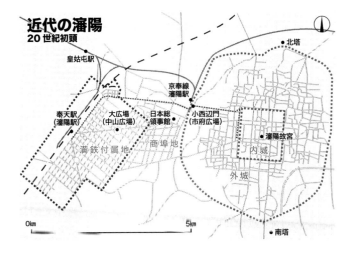

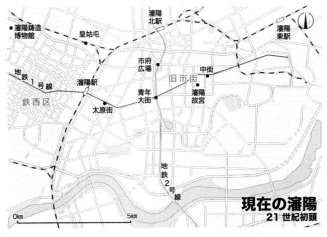

Laoshenyang　もうひとつの故宮へ

【地図】瀋陽中心部

【地図】瀋陽中心部の [★★★]
- [ ] 瀋陽故宮 沈阳故宫 シェンヤングゥゴォン

【地図】瀋陽中心部の [★★☆]
- [ ] 旧内城 内城旧址 ネイチャンジュウチィ
- [ ] 中街 中街 チョンジエ
- [ ] 張氏帥府博物館 张氏帅府博物馆 チャンシィシュアイフゥボォウグァン
- [ ] 瀋陽天主教堂 沈阳天主教堂 シェンヤンティエンチュウジャオタン
- [ ] 太清宮 太清宫 タイチンゴン

【地図】瀋陽中心部の [★☆☆]
- [ ] 懐運門 怀运门 ファイユンメン
- [ ] 旧満鉄奉天公所 满铁奉天公所旧址 マンティエフェンティエンゴンスゥオジュウチィ
- [ ] 清真南寺 清真南寺 チンチェンナンスー

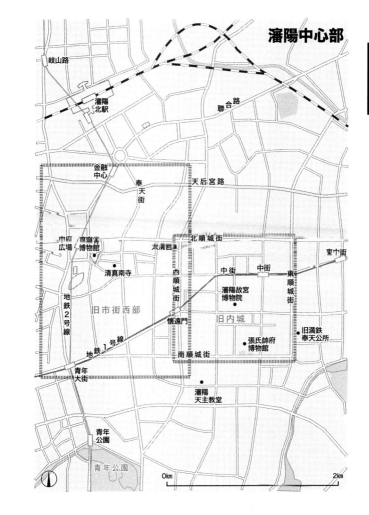

Guide,
Gu Gong Bo Wu Guan
瀋陽故宮
鑑賞案内

CHINA
遼寧省

太祖ヌルハチ、太宗ホンタイジ、順治帝の
宮廷がおかれていた瀋陽故宮
現在は瀋陽故宮博物院として開館している

故宮とは

皇帝の宮殿跡を故宮と言い、故宮と呼ばれる建物は3つ残っている。ひとつは北京中心部に残る故宮（かつての紫禁城）、ひとつは国共内戦に敗れた蒋介石の国民党がもち去った宝物を安置する台湾の故宮博物院、最後が北京に遷都する以前に清朝の都がおかれていた瀋陽の故宮（盛京宮闕）。瀋陽故宮は1625年に建設され、1636年に完成し、清朝の初代ヌルハチ、第2代ホンタイジ、第3代順治帝といった3代の皇帝がここに暮らし、第3代順治帝時代の1644年に万里の長城を越え、北京に入城した（1644年以前の中国王朝は明だった）。

▲左　皇帝は輿に乗って移動した。　▲右　紅の壁に映える獅子

瀋陽故宮の構成

瀋陽故宮は東路、中路、西路の3つの空間構成からなる。東路がもっとも古く、明に対して挙兵したヌルハチが赫図阿拉（ホトアラ）城、遼陽などをへて最後に瀋陽に宮廷を構えたときの建築群。中路が瀋陽の街を整備し、満州族、モンゴル族、漢族を従えた第2代ホンタイジの時代の建築群。西路（および中路の一部）が北京遷都後に、第6代乾隆帝時代に増築された建築群となっている。このように建設時期が異なることから、東路と中路、西路の軸線がずれている（ヌルハチ時代は明代の街がそのまま利用されたが、第2代ホンタイジの

▲左　故宮の南側を東西に走る清朝大街。　▲右　皇帝が坐した玉座、殿内には凝った装飾が見られる

時代に瀋陽は大幅に整備された)。また72万平方メートルという広大な面積をもつ北京の故宮に対して、瀋陽の故宮は6万平方メートルとややこぢんまりとしている。北京の故宮が9000間あまりあるのに対して、瀋陽故宮は300間あまりとなっている。

【MEMO】

【地図】瀋陽故宮

【地図】瀋陽故宮の [★★★]
- ☐ 中路 中路チョンルゥ
- ☐ 東路 东路ドンルゥ
- ☐ 大政殿 大政殿ダァチェンディエン

【地図】瀋陽故宮の [★★☆]
- ☐ 崇政殿 崇政殿チョンチェンディエン
- ☐ 鳳凰楼 凤凰楼フェンファンロゥ
- ☐ 文溯閣 文溯阁ウェンスゥガァ

【地図】瀋陽故宮の [★☆☆]
- ☐ 清朝大街 清朝大街チンチャオダァジエ
- ☐ 大清門 大清门ダァチンメン
- ☐ 清寧宮 清宁宫チンニンゴォン

【MEMO】

CHINA
遼寧省

**Guide,
Zhong Lu**

故宮中路
鑑賞案内

瀋陽故宮の中核をしめる中路
大清門から崇政殿、鳳凰楼、清寧宮へ
軸線上に建築がならぶ

中路 中路 zhōng lù チョンルゥ ［★★★］

清朝第2代ホンタイジの時代の1626年から、先につくられたヌルハチ時代の東路に隣接するかたちで建設がはじまった中路（ホンタイジの時代に瀋陽の街は大幅に整備された）。漢族、満州族、モンゴル族といった複数の民族の文化が混じった建築様式をもち、ホンタイジは漢族には皇帝として、満州族やモンゴル族にはハンとして接していた。中路の両脇の東所、西所は第6代乾隆帝時代に整備された。

【地図】瀋陽故宮中路

【地図】瀋陽故宮中路の［★★★］
- ☐ 中路 中路チョンルゥ

【地図】瀋陽故宮中路の［★★☆］
- ☐ 崇政殿 崇政殿チョンチェンディエン
- ☐ 鳳凰楼 凤凰楼フェンファンロゥ

【地図】瀋陽故宮中路の［★☆☆］
- ☐ 大清門 大清门ダァチンメン
- ☐ 神杵 神杵シェンチュウ
- ☐ 清寧宮 清宁宫チンニンゴォン

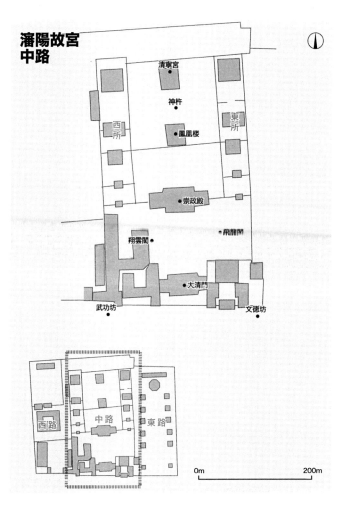

遼寧省

大清門 大清门 dà qīng mén ダァチンメン ［★☆☆］

大清門は瀋陽故宮の正門にあたり、皇帝を意味する黄金の瑠璃瓦でふかれ、この門から左右に赤色の周壁をめぐらせている。また扁額には満州文字と漢字がならぶが、満州文字が左側に配置されているのは満州族の優位性をしめすのだという（北京故宮では左側に漢字、右側に満州文字で配列が逆となっている）。

▲左 第2代皇帝ホンタイジ、清朝の礎を築いた。　▲右　瀋陽故宮の中心、崇政殿

崇政殿 崇政殿
chóng zhèng diàn チョンチェンディエン [★★☆]

崇政殿は瀋陽故宮の正殿にあたり、ここで皇帝ホンタイジが政務をとったり、儀式を行なうなどした（外国の使節や諸民族の長や人々とも謁見した）。また1644年の北京遷都後も皇帝が東巡したさいにはここで業務を行なった。中央の崇政殿の前庭におかれている飛龍閣、翔鳳閣にそれぞれ文武百官が勤務した。

▲左　故宮を守る神獣、あちらこちらに配されている。　▲右　堂々としたたたずまいの鳳凰楼、瀋陽故宮でもっとも高い建物

鳳凰楼 凤凰楼 fèng huáng lóu フェンファンロゥ ［★★☆］

基壇のうえに立つ三層の鳳凰楼は、瀋陽故宮のなかでも一際堂々したたたずまいを見せている。この宮殿は清寧宮の門楼にあたり、皇帝が宴会を催したり、上部から瀋陽の街並みを見渡すなどした（また官吏の働く前殿と皇族の生活空間である後宮をわけていた）。鳳凰楼の建設にのべ28万人もの人が動員され、7年が費やされたという。

【MEMO】

遼寧省

神杵 神杵 shén chǔ シェンチュウ ［★☆☆］

清寧宮の前庭に立つ高さ3mの神杵（満洲語ではソモという）。神鳥のとまり木で、米穀や砕肉を載せて神鳥が飼われた。満州族のあいだではシャーマニズムが信仰され、とくに神鳥は清朝を守護すると考えられていた。

▲左　寒さ対策のオンドルも見られる清寧宮。　▲右　満州族独特の神杵（鳥のとまり木）、シャーマニズムに通じるという

清寧宮 清宁宫 qīng níng gōng チンニンゴォン ［★☆☆］

清寧宮は皇帝ホンタイジやその皇后ボルチジが起居した宮殿で、東よりにずれて位置する門は満州族独特の様式（漢族の伝統的な建築では門は中央になる）。内部は北方民族に共通して見られるオンドルや、シャーマンによる祭祀が行なわれた一室も備える。この様式が北京にもちこまれ、北京故宮の坤寧宮は清寧宮の影響のもと改築された。また清寧宮の前面両脇に配された宮殿で、妃や宮廷に仕える女性が起居した。

明から清へ

ヌルハチが挙兵して1616年に後金国を樹立し、その後、1636年にホンタイジが国号を大清としたころ、中国には明朝（1368～1644年）があった。ホンタイジは満州族、漢族、モンゴル族をまとめ、文武百官の前で明からの勅書を燃やして態度を鮮明にした。1643年、ホンタイジが清寧宮で崩御すると第3代順治帝が即位し、1644年、各地で反乱や飢饉が起こる混乱のさなか、清軍はホンタイジの弟ドルゴンにひきいられ、山海関から北京へ入った（明清交代）。こうして清の都は北京に遷都され、瀋陽は陪都となった。

Guide, Dong Lu
故宮東路鑑賞案内

太祖ヌルハチの時代に築かれた東路
瀋陽故宮のなかでもっとも古い部分で
もっとも満州族の文化や要素を濃く残している

東路 东路 dōng lù ドンルゥ ［★★★］

東路は1625年、瀋陽に都をおいた清の太祖ヌルハチが宮殿をおいたところ。明の旧官衙をそのまま利用したことから、街をつくり直したうえ築かれた中路とは軸線が斜めにずれている。南北195m、東西80mの中央奥に大政殿が立ち、東西に宮殿を従えるような構造は、戦場での軍の配置を思わせる。

【地図】瀋陽故宮東路

【地図】瀋陽故宮東路の [★★★]
- ☐ 東路 东路 ドンルゥ
- ☐ 大政殿 大政殿 ダァチェンディエン

【地図】瀋陽故宮東路の [★★☆]
- ☐ 十王亭 十王亭 シィワンティン

瀋陽故宮
東路

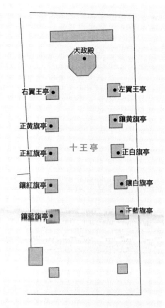

Laoshenyang | 故宮東路鑑賞案内

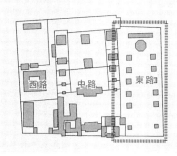

遼寧省

大政殿 大政殿 dà zhèng diàn ダァチェンディエン [★★★]

東路の中央奥に立つ大政殿は、瀋陽故宮でもっとも早くに建てられた。帳殿式という八角形の建築様式をもち、満州族のテントが宮殿に映されているという。皇帝ヌルハチがここで諸王を集めて国政をとり、式典が行なわれるなどした。大成殿内部は、龍をはじめ凝った意匠がほどこされている。

▲左　八旗の大臣たちが政務をとった十王亭。　▲右　瀋陽故宮最初期の宮殿、大政殿

十王亭 十王亭 shí wáng tíng シィワンティン ［★★☆］

大政殿を起点に、「八」の字型にならぶ十王亭。ヌルハチの軍団である左右翼王と八旗（正黄・鑲黄・正白・鑲白・正紅・鑲紅・正藍・鑲藍）の大臣がそれぞれの場所で政務をとったことから、「10の王の亭」と名づけられている。大政殿（皇帝）の前に十王亭（軍団）がならぶ様子は、北京の故宮では見られず、主君と臣下が同じ場所で行動をとる戦場や狩猟の場での様子が表されているという。

▲左　大成殿の前にならぶ十王亭、軍の隊列のよう。　▲右　大成殿で見られる龍の彫刻

八旗とは

八旗制度は満州族の部族制をもとにヌルハチによって整備された行政と軍事をかねた制度。ひとつの旗をもとに狩猟、農耕、軍事を集団で行ない、清朝の拡大とともに、蒙古八旗、漢軍八旗などがつくられた。八旗制に属する人は旗人と呼ばれ、清朝での支配階級となり、皇帝のいる故宮をとりまくように暮らした。この軍制は清朝末期まで続いたが、やがて曽国藩や李鴻章などの近代軍備をもつ軍隊にとって代わられた。

故宮西路鑑賞案内

Guide, Xi Lu

CHINA
遼寧省

瀋陽から北京へ遷都されたのち
この地に東巡した第6代乾隆帝の命で整備された西路
華美を好む皇帝の嗜好が生かされている

西路 西路 xī lù シィルゥ ［★★☆］

北京遷都後の1746〜1783年に造営された西路。第6代乾隆帝が清朝発祥の地である瀋陽に東巡した際、こぢんまりとした瀋陽故宮を華やかにする目的で勅令を出した。そのため北京の故宮にもっとも近い建築様式をもち、漢族の文化的要素がより備わっている。

文溯閣 文溯阁 wén sù gé ウェンスゥガァ ［★★☆］

乾隆帝が編纂させた四庫全書が安置されていた文溯閣。中国では古くから書物に敬意が払われ、とくに乾隆帝は14年かけて古今東西の書物を集めて1781年に四庫全書を完成させた（経、史、子、集の四部に分類したところにちなむ）。それらは北京故宮の文淵閣、北京円明園の文源閣、熱河避暑山荘の文津閣と瀋陽の文溯閣に、またその写本を揚州大観堂の文匯閣、鎮江金山寺の文宗閣、杭州聖因寺の文瀾閣に一部ずつ安置させた。東巡した清朝皇帝はこの文溯閣で読書をしたり、観劇したりした。

【地図】瀋陽故宮西路

【地図】瀋陽故宮西路の [★★☆]
- 西路 西路 xī lù シィルゥ
- 文溯閣 文溯阁 wén sù gé ウェンスゥガァ

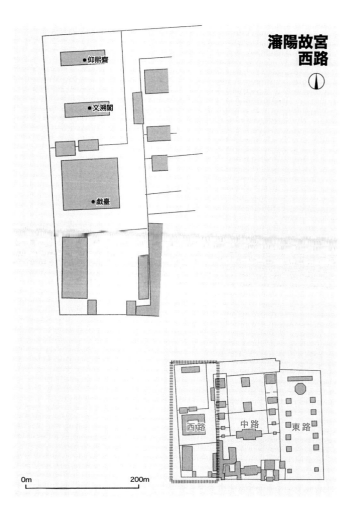

瀋陽故宮西路

Laoshenyang 故宮西路鑑賞案内

CHINA
遼寧省

瀋陽と図書館

日露戦争後の 1906 年から日本は満鉄を中心に中国東北地方へと進出し、大連や瀋陽に図書館がおかれるなど調査研究が重視された。瀋陽には満鉄系の図書館と清朝系の図書館があったが、1932 年の満州国建国にあたって、満州国立奉天図書館が張氏帥府に開館し、文溯閣の四庫全書もここで保護された(満州国の首都は長春にあったが、瀋陽が経済や文化の中心地だった)。国立の中央図書館の役割を果たした奉天図書館の蔵書は、1940 年には 9.8 万冊に達していたという。

▲左 故宮の前を東西に走る清朝大街。　▲右 四庫全書が保管されていた文溯閣

清朝大街 清朝大街
qīng cháo dà jiē チンチャオダァジエ [★☆☆]

瀋陽故宮の南側を東西に走る清朝大街。20世紀末ごろから清代の面影を伝える街並みとして整備された。また瀋陽故宮の特徴として、清朝大街に立つ牌坊が東西の軸線上に立ち、そこから外来者をなかに導く門代わりになっている（北京故宮では、南北の軸線上にいくつもの門が立つ）。

Guide, Nei Cheng
旧内城 城市案内

古くから中国では街を城壁で囲んで城と呼んできた
この城壁で囲むという思想は
伝統家屋四合院や万里の長城にも通じるという

旧内城 内城旧址
nèi chéng jiù zhǐ ネイチャンジュウチ [★★☆]

明清時代、明代に「十」の字型だった街区は、ホンタイジの時代の1627年に「井」の字型の街区に整備された(「十」の字型では東西南北に4つの門、「井」の字型では8つの門がおかれた)。この街区は瀋陽故宮を中心に高さ2.5mほどの城壁に囲まれ、内城と呼ばれて商人や職人でにぎわいを見せていた。こうした城壁は1920年代以降、ほとんどがとり壊されて今にいたる。

【地図】瀋陽旧内城

【地図】瀋陽旧内城の [★★★]
- ☐ 瀋陽故宮 沈阳故宫 シェンヤングゥゴォン

【地図】瀋陽旧内城の [★★☆]
- ☐ 旧内城 内城旧址 ネイチャンジュウチィ
- ☐ 中街 中街 チョンジエ
- ☐ 張氏帥府博物館 张氏帅府博物馆 チャンシィシュアイフゥボォウグァン
- ☐ 瀋陽天主教堂 沈阳天主教堂 シェンヤンティエンチュウジャオタン
- ☐ 太清宮 太清宫 タイチンゴン

【地図】瀋陽旧内城の [★☆☆]
- ☐ 懐運門 怀运门 ファイユンメン
- ☐ 旧吉順糸房 吉顺糸房旧址 ジィシュンスーファンジュウチィ
- ☐ 長安寺 长安寺 チャンアンスー
- ☐ 旧満鉄奉天公所 满铁奉天公所旧址 マンティエフェンティエンゴンスゥオジュウチィ
- ☐ 東関教会 东关教会 ドンガンジャオフイ

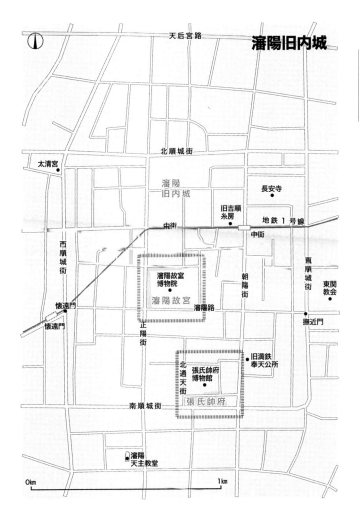

遼寧省

懐運門 怀运门 huái yùn mén ファイユンメン [★☆☆]

懐運門はかつて内城と外城をわけた瀋陽の楼門で、東西に走る瀋陽路の反対側には撫近門が位置する。これらの楼門は20世紀になってから整備し直されたもので、清朝時代は内城の一辺に2門ずつ、東西南北に計8つの門があり、朝5時に開門、夜12時に閉門した。

瀋陽旧市街の都市開発

故宮を中心に古い街区を残す瀋陽旧市街では、旧市街の景観を守る試みが見られる。都市開発にあたっては高さ制限をも

▲左　清代の面影を残す懐運門。　▲右　夜遅くまでにぎわう中街

うけて低層建築のみが建設を許可され、また地下の開発が進められている。

中街 中街 zhōng jiē チョンジエ ［★★☆］

故宮の北側を1kmに渡って続く中街は、瀋陽有数の繁華街。1627年、清朝第2代皇帝ホンタイジによって瀋陽の街が整備されたときにつくられ、「前朝後市」という中国の伝統的な都市理念から故宮の北側に配置された。また戦前は四平街と呼ばれてにぎわい、1912～31年のあいだに建てられた近代建築（中華バロック）が残っている。現在は歩行街として

遼寧省

整備され、夜遅くまで多くの人が行き交う。

旧吉順糸房 吉順糸房旧址 jí shùn sī fáng jiù zhǐ
ジィシュンスーファンジュウチィ [★☆☆]

中街に残る近代建築のなかでも一際強い存在感を見せる旧吉順糸房。糸房とは綿布を販売する店（糸房）のことで、雑貨などの小売のほかに卸売もあわせて扱う百貨店となっていた。この吉順糸房は1644年、瀋陽で刺繍糸の需要があることを知った山東出身の刺繍糸職人単文利、単文興が中街で「天合利糸房」（刺繍糸の加工工場）を創立したことにはじま

▲左　緑色の円屋根が旧吉順糸房、中街にて。　▲右　洗練された現代建築も登場している

る。日本統治時代当時は満州商人の店のなかで唯一エレベーターがあることでも知られ、瀋陽での綿布の需要にくわえて瀋陽から吉林、黒竜江へと綿布が流通していた。

長安寺 长安寺 cháng ān sì チャンアンスー ［★☆☆］

長安寺は瀋陽旧市街の東北に位置し、瀋陽でもっとも伝統ある仏教寺院として知られる。創建時期についてははっきりとわかっていないが、明代に重修された木造建築が残っている（ホンタイジが大幅に街区を変える以前の建築）。瀋陽では中国仏教と清朝時代に保護されたチベット仏教の伝統が併存

遼寧省

し、また日本統治時代は日本のお寺も多くこの街に進出した。

旧満鉄奉天公所 满铁奉天公所旧址
mǎn tiě fèng tiān gōng suǒ jiù zhǐ
マンティエフェンティエンゴンスゥオジュウチィ [★☆☆]

中国側政府との交渉、折衝や情報活動などが行なわれた旧満鉄奉天公所。日露戦争後の1905年、日本は満州へと進出し、清朝から軍閥の張作霖政権へ実権が移る混乱のなかで、1909年に瀋陽故宮に近いこの場所の土地を購入した。とくに1911年の辛亥革命以後、活発に、袁世凱や張作霖といっ

▲左 日本の拠点があった旧満鉄奉天公所。　▲右 フルーツを売る人、遼寧省の名産

た軍閥の情報収集がされた。もともとこの地には瀋陽へ使節を送った朝鮮の高麗館があったという経緯もあり、それを満鉄が増改築し、瓦屋根の中国風建築になった（瀋陽故宮に近かったためだという）。

東関教会 东关教会
dōng guān jiāo huì ドンガンジャオフイ [★☆☆]

東関教会は、東北を代表するプロテスタント教会。ローマ・カトリックより少し遅れて1867年よりプロテスタントの布教がはじまり、この教会はスコットランドのジョン・ロスに

遼寧省

よって建てられた。現在の建物は 1900 年の義和団の乱ののち 1907 年に開かれたもの。

Guide, Zhang Shi Shuai Fu
張氏帥府鑑賞案内

清朝末期、馬賊から身を起こした張作霖
日本の援助を受けて東三省を地盤とし
息子張学良は日本と決別、国共合作への道筋をつくった

張氏帥府博物館 张氏帅府博物馆
zhāng shì shuài fǔ bó wù guǎn
チャンシィシュァイフゥボォウゥグァン ［★★☆］

張氏帥府博物館は、清朝末期の混乱のなか馬賊の頭目から身を起こして東北三省の実権を握った軍閥張作霖とその息子である張学良の邸宅跡。張作霖と張学良は瀋陽に拠点を構えていたことから奉天派（軍閥）と呼ばれ、1922年、東三省の独立が宣言されるなど、当時の瀋陽は実質的に王国の首府の体裁をしていた。張氏帥府は東院、中院、西院からなり、中華バロックと呼ばれる3階建ての洋館、中国の伝統的な建築、

【地図】張氏帥府博物館

【地図】張氏帥府博物館の [★★☆]
- ☐ 張氏帥府博物館 张氏帅府博物馆
  チャンシィシュァイフゥボォウゥグァン
- ☐ 大青楼 大青楼 ダァチンロウ

【地図】張氏帥府博物館の [★☆☆]
- ☐ 張学良彫像 张学良将军雕像
  チャンシュエリィアンディヤオシィアン
- ☐ 中院 中院 チョンユェン
- ☐ 小青楼 小青楼 シャオチンロウ
- ☐ 瀋陽金融博物館 沈阳金融博物馆
  シェンヤンジンロンボォウゥグァン

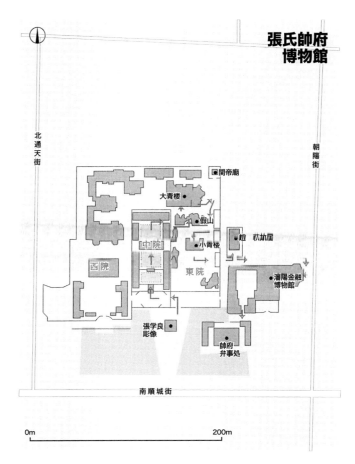

CHINA
遼寧省

岩で築山がつくられている庭、関帝廟などからなり、大帥府や少帥府とも呼ばれる。満州国時代にはここに国立奉天図書館がおかれていたが、現在は張氏帥府博物館として開館している。

張作霖と日本の介入

馬賊出身の張作霖は1912年に清朝が滅亡する混乱するなかで台頭し、日本の援助を受けて東北一帯を支配する軍閥となった(日露戦争の奉天会戦後、ロシア軍に通謀しようとしたところを田中義一に助けられたことが縁だという)。1927

▲左 伝統的な中国の意匠も見られる。　▲右 まるで一国の宮殿のよう、張氏帥府

年に北京に入り、大元帥を名乗って、一時、北中国の支配者となったが、1928年に、蒋介石の国民党軍が北伐で北京にせまると、瀋陽に退却した。この際、日露戦争後手にしていた鉄道などの権益が危うくなるのを恐れた日本軍は瀋陽駅近くの皇姑屯で張作霖を爆殺した。張作霖は張氏帥府に運び込まれたが、4時間後に息を引きとった。

張学良彫像 张学良将军雕像 zhāng xué liáng diāo xiàng
チャンシュエリィアンディヤオシィアン ［★☆☆］

張学良は張作霖の子で、張作霖が爆殺されたのち、奉天軍閥

CHINA
遼寧省

の実権を握った。日本軍は張学良を自らの陣営へと引きこもうと考えていたが、張学良は易幟（民国初期の五色旗から国民党の青天白日旗へ代えた）をして蒋介石の国民党への合流を表明した（このとき親日派の奉天軍閥を射殺している）。1931年、満州事変が起こると瀋陽を逃れ、1936年、「先に共産党を倒してから日本にあたる」と考えていた蒋介石を拘束して、国共合作への道筋をつくった。その後、蒋介石に反旗をひるがえしたことを理由に軟禁状態におかれ、2001年、ハワイで没した。

▲左 瀋陽は夏暑く、冬は冷え込む。 ▲右 見事なローマ風建築大青楼、張作霖・学良親子が暮らした

中院 中院 zhōng yuàn チョンユェン ［★☆☆］

張氏帥府博物館の中央部に位置する中院。中国の伝統的な建築様式で建てられ、ここで張作霖、張学良親子が生活を営み、執務を行なうなどした。四方に建物を構え、中庭をもつ四合院が奥に連なる様式は三進四合院と呼ばれる。

大青楼 大青楼 dà qīng lóu ダァチンロウ ［★★☆］

大青楼はローマ様式の3階建てレンガづくりの建物で、30万人の軍勢を擁し、東三省をおさめた張作霖、張学良の宮殿となっていた。玄関先の假山には「天理人心」と金文字で書

かれた額が見え、大理石の柱、水晶のシャンデリアを備えた豪華なつくりをもつ(全長2mを超す虎の剥製をおいた応接室があったので老虎庁とも呼ばれる)。1910年代の後半からはじまる張作霖政権時代、中華バロックと呼ばれる近代建築が瀋陽に現れたが、それらの建築は西洋古典建築の外観をし、内部は中国の伝統的な構造をしていた。

小青楼 小青楼 xiǎo qīng lóu シャオチンロウ [★☆☆]
大青楼の南側に立つ小青楼。この建物は張作霖の夫人や子女が起居する場となっていた。

瀋陽金融博物館 沈阳金融博物馆
shěn yáng jīn róng bó wù guǎn
シェンヤンジンロンボォウゥグァン ［★☆☆］

瀋陽金融博物館は、1925年に瀋陽を拠点とした軍閥張作霖によって設立された辺業銀行跡。瀋陽はじめ、長春、天津など華北を中心に26の支店を抱え、奉票と呼ばれる通貨を発券していた。資本金のほとんどを張一族がもち、張作霖は自分の発券した紙幣を日本の朝鮮銀行券ととり替えるなどして莫大な現金を得、また奉票を刷ることで奉直戦争などの軍事費を調達していた（隣接する張氏帥府からこの銀行へは地下

CHINA
遼寧省

道で通じていると言われていた)。満州国ができると東三省官銀行などとともに満州中央銀行に吸収された。

Guide,
Lao Shen Yang Nan Di Qu
旧市街南
城市案内

キリスト教寺院が美しいたたずまいを見せる街角
近代以降、多くの外国人が瀋陽を訪れるようになり
瀋陽のキリスト教は 200 年の伝統をもつ

瀋陽天主教堂 沈阳天主教堂
shěn yáng tiān zhǔ jiāo táng
シェンヤンティエンチュウジャオタン ［★★☆］

瀋陽旧内城の南側に立ち、高さ 40m のゴシック様式のたたずまいを見せる瀋陽天主教堂。瀋陽でキリスト教布教がはじまったのは、清朝第 8 代道光帝が統治する 1838 年のことで、ローマ・カトリックのフランス人が内城外の南側が布教拠点をおいた（当時の中国では西欧に対する蔑視が強く、伝統的に外国人を隔離した）。1882 年ごろまでには教会、神学校、尼院、孤児院、病院などが整備されたが、「扶清滅洋（清を

▲左 張学良は若いころからキリスト教に触れていた。 ▲右 旧内城の南の外に立つ瀋陽天主教堂

たすけ、西洋を滅ぼす)」をかかげる1900年の義和団事件で破壊されたのち、1912年に完成した。1000人が同時に礼拝するほどの規模をもち、南関会堂とも呼ばれる。

瀋陽とキリスト教

アヘン戦争後の1858年に天津条約が結ばれ、1861年、遼河河口の牛荘が開港すると、西欧人が中国東北地方へも進出するようになった（牛荘は鉄道敷設以前、東北三省の大動脈であった遼河の河口だった）。当時、満州の奥地と見られていた瀋陽にも、宣教師や商人が訪れ、キリスト教を通じて西欧

【地図】旧市街南部

【地図】旧市街南部の [★★★]
- [ ] 瀋陽故宮 沈阳故宮 シェンヤングゥゴォン

【地図】旧市街南部の [★★☆]
- [ ] 瀋陽天主教堂 沈阳天主教堂 シェンヤンティエンチュウジャオタン
- [ ] 張氏帥府博物館 张氏帅府博物馆 チャンシィシュァイフゥボォウグァン
- [ ] 旧内城 内城旧址 ネイチャンジュウチィ
- [ ] 中街 中街 チョンジエ

【地図】旧市街南部の [★☆☆]
- [ ] 五愛市場 五爱市场 ウーアイシィチャン
- [ ] 慈恩寺 慈恩寺 ツーェァンスー
- [ ] 懐運門 怀运门 ファイユンメン

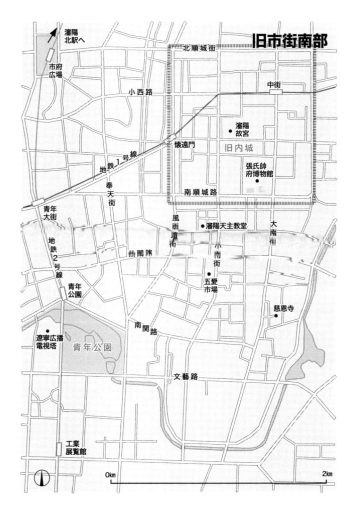

▲左 キリスト教は西欧文明をともなって伝来した。　▲右　瀋陽の街角、東北随一の大都会

文明がこの地に伝えられた。奉天軍閥の張学良は英語教師のキリスト教徒たちと交流し、1955年にはキリスト教に帰依している。こうした状況は伝道のため瀋陽に訪れたスコットランド人、デュガルド・クリスティーの『奉天三十年』にくわしい。

五愛市場 五爱市场
wǔ ài shì chǎng ウーアイシィチャン [★☆☆]

瀋陽故宮の南側に位置する五愛市場は、中国でも有数の規模をもつ卸売市場。衣料品はじめ、日用雑貨がならび、ここか

【MEMO】

遼寧省

ら東北各地や内蒙古、ロシア、東ヨーロッパにまで商品が流通するという。

慈恩寺 慈恩寺 cí ēn sì ツーエァンスー ［★☆☆］
慈恩寺は唐代に創建されたと伝えられる古刹。山門から天王殿、大雄宝殿と軸線上に建物がならぶ仏教伽藍を見ることができる。

Guide, Lao Shen Yang Xi Di Qu
旧市街西城市案内

CHINA 遼寧省

古くから形成された道教寺院、イスラム寺院
独自の信仰体系のなかに生きる人々は
瀋陽の新旧を今に伝える

太清宮 太清宮 tài qīng gōng タイチンゴン ［★★☆］

太清宮は瀋陽内城の西側に残る道教寺院。清代に1663年に創建された瀋陽でもっとも由緒ある道教寺院で、東北三省の道教の拠点となっている（中国古来の宗教である道教は唐代に遼寧省に伝わったとされる）。また通りをはさんだ東側には瀋陽旧内城の城壁が見られる。

▲左 瀋陽を代表する道教寺院の太清宮。　▲右 アラビア文字が見える。回民街にて

回民街 回民街 huí mín jiē フイミンジエ ［★★☆］

モスクでの礼拝や豚肉を食べないといった宗教上の習慣をもつイスラム教徒の回族が集住する回民街。回族は唐代より交易のために中国へ来訪していたペルシャ人やアラブ人と中国人が混血することなど形成された民族で、モンゴル族が統治する元代に役人となって広がった。瀋陽の回族については、1352年の瀋陽路城隍廟碑に「当廟は東方に回族住民の家に接する」という一節があるところから、元代からの伝統があると考えられる（場所は変わっている）。

【地図】旧市街西部

【地図】旧市街西部の [★★★]
- □ 瀋陽故宮 沈阳故宫 シェンヤングゥゴォン

【地図】旧市街西部の [★★☆]
- □ 太清宮 太清宫 タイチンゴン
- □ 回民街 回民街 フイミンジエ

【地図】旧市街西部の [★☆☆]
- □ 清真南寺 清真南寺 チンチェンナンスー
- □ 懐運門 怀运门 ファイユンメン

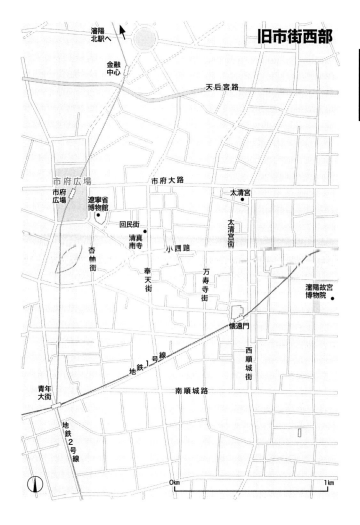

▲左　回族の人々は独自の信仰、食文化をもつ。　▲右　かつて瀋陽は城壁に覆われていた、太清宮の向かい

清真南寺 清真南寺
qīng zhēn nán sì　チンチェンナンスー　[★☆☆]

東北三省でもっとも由緒正しいイスラム教寺院で、1636年に創建された清真南寺（「清真」とはイスラム教を意味する）。礼拝堂やミナレットなどモスクの要素が漢族の建築様式で建てられている。

せめぎあう漢族と満州族

清代、北京に準ずる格式をもった瀋陽
街の中心には美しい故宮が残り
清朝発祥の地として多くの人々をひきつけている

満州族とは

清朝（1616～1912年）を樹立した満州族は、中国東北部を故地とするツングース系の人々で、農耕と狩猟を行なうなど漢族とは異なる文化や言葉をもっていた。東方を守護するという文殊菩薩を信仰したことから満州族という民族名、そして満州という地名が定着するようになった。中国の歴史では北方民族がたびたび万里の長城を越えて南下し、王朝を築いてきたが、満州族もまた金、清を樹立している（征服王朝）。清朝では大多数の漢族を統治するため、漢族の文化を受容し、満州族と漢族のものが融合した文化が育まれた。

Laoshenyang | せめぎあう漢族と満州族

漢族の進出

長いあいだ瀋陽一帯は森林に覆われ、黄河中流域から見れば片田舎に過ぎなかったが、1625年に清の太祖ヌルハチが都をおいてから発展をはじめた。とくに瀋陽で野生人参、貂皮などの交易が行なわれ、多くの漢族が瀋陽に進出し、内城の外側の外城に暮らした。また第6代乾隆帝の時代以来、満州族の聖域として封禁の地となっていたが、清朝後期になるとそれも解かれて漢族が進出した。山西省や河北省から進出した漢族の数は19世紀末には地元の満州族やモンゴル族よりもはるかに多く、鉄道の開通は漢族の移住を加速させた。漢

【MEMO】

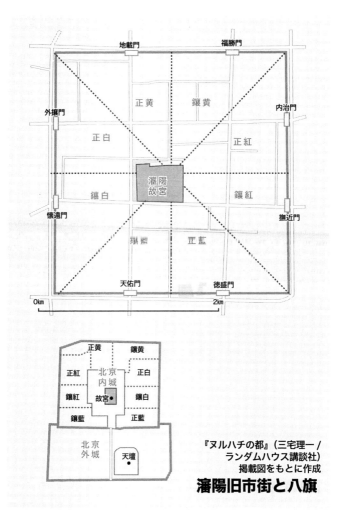

Laoshenyang せめぎあう漢族と満州族

『ヌルハチの都』(三宅理一／ランダムハウス講談社)
掲載図をもとに作成

瀋陽旧市街と八旗

遼寧省

族商人が内城の四平街（現在の中街）に店を構え、漢族農民が農地の開墾を進めると、満州族やモンゴル族は土地を奪われて馬賊化するという事態も起こった。

奉天を訪れた日本人

江戸時代の1644年、越前の廻船問屋58人が松前に貿易に出かける途中、台風にあって2週間ほど漂流して満州に流された（朝鮮とロシア沿海州との境あたり）。そのうち43人は地元民に殺害されたが、国田兵右衛門ら15人は、瀋陽に護送された。当時、第3代順治帝が即位したばかりで、瀋陽に

▲左 満州族の王朝のラスト・エンペラー愛新覚羅溥儀。　▲右　瀋陽故宮の扁額が見える、清朝黎明期の様子がうかがえる

30日ほど滞在した国田兵右衛門は「韃靼の都は、日本の道のり二里四方ほど御座候。其中に王の御座候処は日本にて城の如くに御座候」と記録を残している。その後、一行は北京に滞在したのち、1年後、再び、瀋陽から朝鮮、対馬を経由して大阪に帰り、その様子を幕府に陳述している。

参考文献

『ヌルハチの都 満洲遺産のなりたちと変遷』(三宅理一 / ランダムハウス講談社)

『図説「満洲」都市物語』(西沢泰彦 / 河出書房新社)

『人民中国 清王朝の発祥地 - 瀋陽故宮』(劉世昭 / 人民中国雑誌社)

『中国世界遺産の旅 1』(石橋崇雄 / 講談社)

『馬賊で見る「満洲」』(澁谷由里 / 講談社)

『韃靼漂流記』(園田一亀 / 平凡社)

『満州国立奉天図書館の歴史』(岡村敬二 / 大阪府立図書館紀要)

『満洲 起源・植民・覇権』(小峰和夫 / 御茶の水書房)

『世界大百科事典』(平凡社)

[PDF] 瀋陽地下鉄路線図 http://machigotopub.com/pdf/shenyangmetro.pdf

[PDF] 瀋陽空港案内 http://machigotopub.com/pdf/shenyangairport.pdf

まちごとパブリッシングの旅行ガイド

Machigoto INDIA , Machigoto ASIA , Machigoto CHINA

【北インド - まちごとインド】

001 はじめての北インド
002 はじめてのデリー
003 オールド・デリー
004 ニュー・デリー
005 南デリー
012 アーグラ
013 ファテープル・シークリー
014 バラナシ
015 サールナート
022 カージュラホ
032 アムリトサル

【西インド - まちごとインド】

001 はじめてのラジャスタン
002 ジャイプル
003 ジョードプル
004 ジャイサルメール
005 ウダイプル
006 アジメール（プシュカル）
007 ビカネール
008 シェカワティ
011 はじめてのマハラシュトラ
012 ムンバイ
013 プネー
014 アウランガバード
015 エローラ
016 アジャンタ
021 はじめてのグジャラート
022 アーメダバード
023 ヴァドダラー（チャンパネール）
024 ブジ（カッチ地方）

【東インド - まちごとインド】

002 コルカタ
012 ブッダガヤ

【南インド - まちごとインド】

001 はじめてのタミルナードゥ
002 チェンナイ
003 カーンチプラム
004 マハーバリプラム
005 タンジャヴール
006 クンバコナムとカーヴェリー・デルタ
007 ティルチラパッリ
008 マドゥライ
009 ラーメシュワラム
010 カニャークマリ
021 はじめてのケーララ
022 ティルヴァナンタプラム
023 バックウォーター（コッラム～アラップーザ）
024 コーチ（コーチン）
025 トリシュール

【ネパール - まちごとアジア】

001 はじめてのカトマンズ
002 カトマンズ
003 スワヤンブナート

004 パタン
005 バクタプル
006 ポカラ
007 ルンビニ
008 チトワン国立公園

【バングラデシュ - まちごとアジア】

001 はじめてのバングラデシュ
002 ダッカ
003 バゲルハット（クルナ）
004 シュンドルボン
005 プティア
006 モハスタン（ボグラ）
007 パハルプール

【パキスタン - まちごとアジア】

002 フンザ
003 ギルギット（KKH）
004 ラホール
005 ハラッパ
006 ムルタン

【イラン - まちごとアジア】

001 はじめてのイラン
002 テヘラン
003 イスファハン
004 シーラーズ
005 ペルセポリス
006 パサルガダエ（ナグシェ・ロスタム）
007 ヤズド
008 チョガ・ザンビル（アフヴァーズ）
009 タブリーズ

010 アルダビール

【北京 - まちごとチャイナ】

001 はじめての北京
002 故宮（天安門広場）
003 胡同と旧皇城
004 天壇と旧崇文区
005 瑠璃廠と旧宣武区
006 王府井と市街東部
007 北京動物園と市街西部
008 頤和園と西山
009 盧溝橋と周口店
010 万里の長城と明十三陵

【天津 - まちごとチャイナ】

001 はじめての天津
002 天津市街
003 浜海新区と市街南部
004 薊県と清東陵

【上海 - まちごとチャイナ】

001 はじめての上海
002 浦東新区
003 外灘と南京東路
004 淮海路と市街西部
005 虹口と市街北部
006 上海郊外（龍華・七宝・松江・嘉定）
007 水郷地帯（朱家角・周荘・同里・甪直）

【河北省 - まちごとチャイナ】

001 はじめての河北省
002 石家荘
003 秦皇島
004 承徳
005 張家口
006 保定
007 邯鄲

【江蘇省 - まちごとチャイナ】

001 はじめての江蘇省
002 はじめての蘇州
003 蘇州旧城
004 蘇州郊外と開発区
005 無錫
006 揚州
007 鎮江
008 はじめての南京
009 南京旧城
010 南京紫金山と下関
011 雨花台と南京郊外・開発区
012 徐州

【浙江省 - まちごとチャイナ】

001 はじめての浙江省
002 はじめての杭州
003 西湖と山林杭州
004 杭州旧城と開発区
005 紹興
006 はじめての寧波
007 寧波旧城
008 寧波郊外と開発区
009 普陀山
010 天台山
011 温州

【福建省 - まちごとチャイナ】

001 はじめての福建省
002 はじめての福州
003 福州旧城
004 福州郊外と開発区
005 武夷山
006 泉州
007 厦門
008 客家土楼

【広東省 - まちごとチャイナ】

001 はじめての広東省
002 はじめての広州
003 広州古城
004 天河と広州郊外
005 深圳（深セン）
006 東莞
007 開平（江門）
008 韶関
009 はじめての潮汕
010 潮州
011 汕頭

【遼寧省 - まちごとチャイナ】

001 はじめての遼寧省
002 はじめての大連
003 大連市街
004 旅順
005 金州新区

006 はじめての瀋陽
007 瀋陽故宮と旧市街
008 瀋陽駅と市街地
009 北陵と瀋陽郊外
010 撫順

【重慶 - まちごとチャイナ】

001 はじめての重慶
002 重慶市街
003 三峡下り（重慶～宜昌）
004 大足

【香港 - まちごとチャイナ】

001 はじめての香港
002 中環と香港島北岸
003 上環と香港島南岸
004 尖沙咀と九龍市街
005 九龍城と九龍郊外
006 新界
007 ランタオ島と島嶼部

【マカオ - まちごとチャイナ】

001 はじめてのマカオ
002 セナド広場とマカオ中心部
003 媽閣廟とマカオ半島南部
004 東望洋山とマカオ半島北部
005 新口岸とタイパ・コロアン

【Juo-Mujin（電子書籍のみ）】

Juo-Mujin 香港縦横無尽
Juo-Mujin 北京縦横無尽
Juo-Mujin 上海縦横無尽

【自力旅游中国 Tabisuru CHINA】

001 バスに揺られて「自力で長城」
002 バスに揺られて「自力で石家荘」
003 バスに揺られて「自力で承徳」
004 船に揺られて「自力で普陀山」
005 バスに揺られて「自力で天台山」
006 バスに揺られて「自力で秦皇島」
007 バスに揺られて「自力で張家口」
008 バスに揺られて「自力で邯鄲」
009 バスに揺られて「自力で保定」
010 バスに揺られて「自力で青甫陵」
011 バスに揺られて「自力で潮州」
012 バスに揺られて「自力で汕頭」
013 バスに揺られて「自力で温州」

【車輪はつばさ】
南インドのアイラヴァテシュワラ寺院には建築本体に車輪がついていて寺院に乗った神さまが人びとの想いを運ぶと言います。

- 本書はオンデマンド印刷で作成されています。
- 本書の内容に関するご意見、お問い合わせは、発行元の
まちごとパブリッシング info@machigotopub.com までお願いします。

まちごとチャイナ
遼寧省007瀋陽故宮と旧市街
～「清朝」発祥の地 [モノクロノートブック版]

2017年11月14日　発行

著　者	「アジア城市（まち）案内」制作委員会
発行者	赤松　耕次
発行所	まちごとパブリッシング株式会社
	〒181-0013　東京都三鷹市下連雀4-4-36
	URL　http://www.machigotopub.com/
発売元	株式会社デジタルパブリッシングサービス
	〒162-0812　東京都新宿区西五軒町11-13
	清水ビル3F
印刷・製本	株式会社デジタルパブリッシングサービス
	URL　http://www.d-pub.co.jp/

MP160

ISBN978-4-86143-294-1 C0326　　　Printed in Japan
本書の無断複製複写（コピー）は、著作権法上での例外を除き、禁じられています。